AF258257

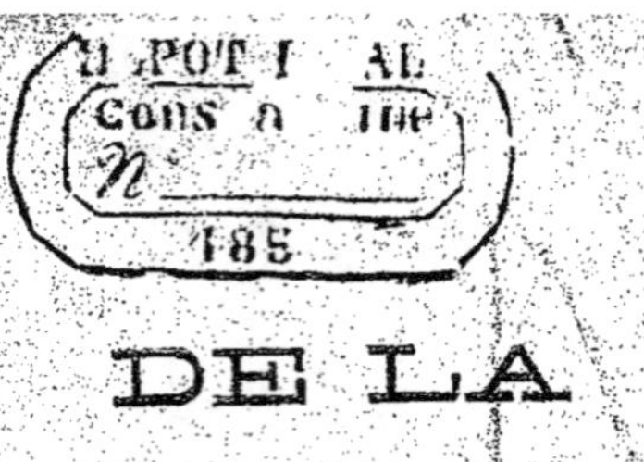

DE LA

JUSTICE EN ALGÉRIE

MÉMOIRE

SUR UNE

SUCCESSION VACANTE

DE LA

JUSTICE EN ALGÉRIE

—

MÉMOIRE

SUR UNE

SUCCESSION VACANTE

JUSTICE EN ALGÉRIE

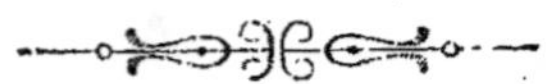

Lutter contre un magistrat et les membres du barreau m'a paru d'abord une besogne fort difficile et très hardie, au-dessus de mes forces, parce que mes adversaires appartiennent à un corps instruit, ayant fait des études spéciales et sont familiers avec les questions posées devant les tribunaux ; mais lorsque l'idée me vint que nous étions tous égaux devant la loi, que la qualité de chacun disparaît devant le droit et que nous sommes citoyen à citoyen, j'ai pris courage d'autant plus que je n'aurai aucun discours à faire, le simple énoncé des faits plaidera en ma faveur.

Si dans l'exposé de l'affaire qui nous occupe quelque mot fâcheux m'échappe, j'en fais mes excuses d'avance car je n'ai nullement l'intention de blesser mais uniquement le désir de me défendre ; ce sera l'indignation que j'éprouve pour une affaire si injuste et si écœurante qui l'aura provoqué.

J'ai souvent entendu répéter par certaines personnes que M. Charpentier était très fort ; j'accepte, prenons le, pour un aigle peu importe et moi pour une poule mouillée si vous voulez. Mᵉ Pfender, à ce que je crois, a rempli les fonctions de Juge de Paix. Peu importe.

Les tuteurs que la loi m'impose en pareilles circonstances me faisant défaut et me trahissant, je marcherai seul guidé par un simple bon sens, soit par le droit commun, quoique privé de mon dossier.

L'Algérie Française est-elle régie par le droit commun ? Oui, sans doute.

Les fonctionnaires ont-ils été créés et mis en place uniquement pour arrondir leur fortune ? Non.

Une société sans fonctionnaires est une anarchie mais aussi une société avec fonctionnaires outrepassant leur mission c'est le despotisme. Le bon fonctionnement des rouages entretient le bien-être dans la société. Il est donc du devoir de chacun de signaler les abus pour qu'ils soient réprimés.

A chacun donc ses fonctions, ses devoirs et ses obligations pour veiller à l'exécution du droit commun lorsqu'il est sûr que le droit commun est observé.

Un gendarme fera-t-il sortir un condamné qui s'est rendu volontairement en prison pour y subir sa peine et ce pour toucher une prime ? Non, lors même qu'il serait muni d'un mandat d'amener.

L'huissier reçoit l'ordre de poursuivre un débiteur : celui-ci en a connaissance, court à son créancier ; il transige et présente sa quittance à l'huissier qui doit arrêter les poursuites. Que dirait-on s'il les continuait par esprit de lucre?

Un débiteur est poursuivi pour mille francs, il présente au tribunal une quittance de la dette sur papier libre et sans timbre. Les juges reconnaîtront la dettte éteinte par ce reçu et condamneront à une amende pour manque de timbre exigé par la loi.

Nos lois sont toutes paternelles d'abord et elles ne deviennent coercitives que contre les récalcitrants du droit commun.

J'habite une colonie française, je me présente devant le magistrat de ma localité et lui tiens ce langage :

« J'ai contracté en France une obligation de mille francs pour des objets en nature que j'ai transportés ici et j'en dois par mon contrat la soulte en espèces pour le manquant. Ce contrat est arrivé à échéance. Voici une lettre de mon créancier qui accepte tout arrangement. Je viens vous demander un délai moral à cause de la distance qui nous sépare afin de terminer dans ce laps de temps l'affaire que je vous signale. Pour garantir votre responsabilité, en vertu du contrat que je vous présente vous pouvez prendre d'office hypothèque légale sur ma propriété qui vaut plus que la somme due. »

Parions que sur cent magistrats, quatre-vingt-dix-neuf accèderaient à ma demande.

Venons aux faits incriminés et le tribunal jugera quelle est la partie qui a agi correctement.

Il y a environ quinze ans je quittai la France pour venir avec ma femme m'enfermer dans une concession isolée aux Amouchas. Avant mon départ je me munis de tous mes actes civils.

Le 15 Juin 1889 mon épouse décède sans enfant. J'en préviens notre administrateur et, par une dépêche, M. Charpentier à Kerrata et en France mon beau-frère, seul héritier.

L'administrateur me demande, au nom de M. le Juge de Paix, des renseignements sur mon union rompue. Je lui produis mon contrat de mariage et le renseigne sur mon beau-frère, seul héritier.

Six jours après le décès je reçois la visite de M. le Juge de Paix accompagné de son greffier à qui je remets mon contrat de mariage renfermant que j'étais marié sous régime dotal avec constitution particulière (trousseau) évalué à mille francs, etc., etc.

— Nous devons mettre les scellés chez vous, me dit M. Charpentier, la loi l'exige et vous ne pouvez vous soustraire à cette formalité.

Je leur répondis : Je vous présente un acte qui établit parfaitement l'avoir de chacun. En le souscrivant j'ai accepté une obligation de mille francs à payer à l'héritier de mon épouse soit en nature soit en espèces. Il n'y a donc point d'aléa pour que votre devoir vous oblige à poser les scellés pour faire ensuite un inventaire attendu que je suis gardien légal des objets et je dois les reproduire pour ne payer que la soulte des mille francs et passible de la somme totale s'ils disparaisent. Voici une lettre de l'héritier qui vous prouve que je suis déjà en arrangement avec lui, il me semble que pour votre garantie et en vertu de mon contrat vous pourriez prendre d'office inscription sur ma ferme en attendant le règlement définitif de ma dette.

— M. Vigo, vous ne m'apprendrez pas mon métier, s'écria M. Charpentier, vous vous opposez à la mise des scellés ; nous irons en référé à Bougie.

J'accompagnai ces messieurs jusqu'à la limite de ma ferme. M. le Juge de Paix prit insensiblement le devant, et me laissa discuter avec M. Charpentier ; et c'est au détour de mon chemin que nous nous séparâmes sur le dialogue suivant :

— Voulez-vous que je vous le dise, me dit M. Charpentier, je suis obligé de vous poursuivre parce qu'il y a dans cette affaire beaucoup d'intérêts engagés.

— Et quels sont donc ces intérêts si multiples ? Je ne vois, moi, que les intérêts de l'héritier, que je suis en train de satisfaire.

— Il y en a d'autres : ainsi, par exemple, M. X. (que je ne veux pas nommer parcequ'il est innocent du propos) pourrait m'écrire et me reprocher de ne pas vous avoir forcé à verser la somme à la Caisse des Dépôts et Consignations, et par négligence lui avoir fait perdre une remise, je suppose, de *dix francs* et tant d'autres.

J'avoue franchement que la cupidité de mon interlocuteur me serra le cœur déjà malade, et je ne pus m'empêcher de penser aux œuvres de Molière.

Paroles imprudentes que M. Charpentier a sans doute eu de regrets d'avoir prononcées et qu'il désavouerait au besoin, mais que nous verrons justifiées par ses agissements.

C'est également après cette entrevue et à son retour qu'on l'entendit dire : je suis obligé de faire un procès à M. Vigo. J'y perdrai peut-être ma place mais il mangera sa ferme.

Mais, M. Charpentier, la vengeance est une mauvaise conseillère ; vous connaissez votre métier, je connais aussi mes droits et mes devoirs.

Laissez-moi dans le droit commun, remplissez votre mandat avec sagesse et les vaches seront bien gardées.

Ces propos me réveillèrent totalement et je pensais que M. Charpentier, nourri dans le sérail, en connaissait les détours, que M. Charpentier, dis-je, chercherait dans son arsenal quelque vieux fusil à pierre pour m'attaquer et je me déterminai à choisir le Lebel.

J'ouvris mon code et je lus : le droit commun exige que tout débiteur paye ses dettes et le paiement doit être fait dans le lieu où est née l'obligation.

Mon créancier est loin de moi ; aucun article de loi ne m'empêche d'aller à lui. Poste. télégraphe. grande vitesse, tout fut mis en œuvre pour le désintéresser et il le fut par la remise en nature des objets ayant quelque valeur et par une soulte en espèces convenue entre nous.

Cependant le référé suivait son cours et ne pouvant dans un moment si terrible entreprendre un voyage à Bougie, d'autant plus que je me trouvais entièrement seul à la ferme, je priai un de mes fournisseurs à Bougie de vouloir bien confier à son avoué la thèse exposée ci-dessus pour la défendre auprès de M. le Président du tribunal. (Détail que je n'ai connu que plus tard) son avoué était Mᵉ Lanon tenant pour la partie adverse. Ne pouvant défendre les deux, Mᵉ Lanon pria un de ses collègues de me remplacer mais oublia sans doute de lui remettre la lettre que j'avais écrite à ce sujet, car probablement M. le Président m'aurait donné raison sans restriction.

Aussi fus-je bien étonné de voir reparaître M. le Juge de Paix et son greffier. Nous venons, me disent-ils, procéder à un inventaire sommaire, il n'y a pas lieu de mettre les scellés.

Je leur répondis : je ne puis vous faire d'autre réponse que la précédente. D'ailleurs les objets que vous réclamez ne sont plus en ma possession, je ne puis donc les reproduire. L'ayant droit est aujourd'hui désintéressé et j'en attends quittance d'un jour à l'autre.

M. Charpentier, furieux de sa double déconvenue, m'envoya bientôt l'huissier en saisie de mes facultés mobilières, bien que, mon contrat portant hypothèques sur mes biens, je ne sache pas qu'on puisse hypothéquer des biens meubles, et saisissait des biens n'étant pas la garantie promise surtout lorsqu'il n'y avait pas péril en la demeure.

Je m'oppose à cette saisie et nous allons en référé devant M. le Juge de Paix du Kerrata où je me présentem uni de mon reçu sur une feuille de 60 centimes, que l'huissier m'avait déclaré n'avoir pas le pouvoir d'accepter et accompagné de la fille aînée de l'héritier, âgée de 30 ans, son père étant retenu en France par des douleurs rhumatismales-goutteuses.

Là, M. Charpentier expose que : en vertu des ordonnances de...... (je ne sais lesquelles) il est de son devoir d'opérer la rentrée de la succession vacante de M. Vigo s'élevant à 1.000 francs pour en verser les fonds à la Caisse des Dépôts et Consignations, où l'ayant droit pourra la retirer.

qu'il a les pouvoirs les plus étendus et qu'il ne peut faire autrement que d'opérer ce versement.

Je réponds à M. le Juge, en produisant mon reçu portant quittance pleine et entière de la succession; et si vous doutez de ma bonne foi ou de l'exactitude de la signature, voici la fille aînée de la famille qui est venue à défaut de son père infirme et elle peut certifier la véracité des faits.

J'ai soixante ans et je n'ai jamais ouï dire ni vu qu'un tribunal dédaignât un reçu quelconque pour preuve de quittance et cependant M. le Juge de Paix capté sans doute, disons le mot, puisque devant les tribunaux il faut dire la vérité et rien que la vérité, par l'influence de son greffier, adopta les conclusions de celui-ci et mon reçu fut à peine mentionné dans les considérants.

Sur ce, M. Charpentier fit pratiquer la saisie mobilière.

Examinons la situation avant de nous rappeler au tribunal de première instance de Bougie.

Vous dites, M. Charpentier, que vous agissez en vertu des ordonnances de Charles X ou autre, que votre pouvoir est très étendu et qu'il faut forcément que la somme soit versée à la Caisse des Dépôts, et que mon reçu étant nul il faut que je paie une seconde fois dans vos mains.

Pourquoi avez-vous été nommé curateur ?

Pour sauvegarder sans doute les intérêts des absents et recueillir les biens laissés par une personne défunte en leur faveur.

Si moi, détenteur des objets, je désintéresse l'ayant-droit avant que vous n'ayez fait aucune formalité valable, que devient votre mission ?

Vous agissez, dites-vous, en vertu des ordonnances inscrites dans aucun de nos codes ordinaires. Je les admets, si vous voulez bien que ce soit la dernière fois que j'en entende parler.

Mais aucune ordonnance ni circulaire ne peut infirmer le droit commun ; elles ne peuvent être que l'ampliation de ce droit, et les prescriptions qu'elles renferment sont des instructions pour vos fonctions et non des lois nouvelles.

Vos pouvoirs sont fort étendus.

Tant mieux, j'admets même qu'ils soient discrétionnaires. Eh bien !

vous devez en user avec discrétion et sagesse, ne perdant pas de vue que vous n'êtes qu'un employé et qu'au-dessus de vous il y a des tribunaux pour juger vos actes répréhensibles.

Vous devez verser à la Caisse de l'Etat les sommes provenant des successions vacantes et il faut que je verse forcément en vos mains le montant de ma dette qui est mal payée.

Vous confondez là votre devoir et vos obligations.

Votre devoir était de me faire entrer dans le droit commun si je n'y avais pas été, mais puisque j'avais assuré le droit commun en liquidant ma dette, votre devoir s'éclipsait, et il ne restait plus que vos obligations, qui étaient de surseoir à toute poursuite et de me demander les pièces que vos instructions ou ordonnances, comme vous voudrez les appeler, réclament en pareilles circonstances pour vous permettre de contrôler la validité du paiement et par suite vous dessaisir de cette affaire. Voilà pour votre devoir.

Quant à votre obligation de verser à la Caisse de l'Etat, cela est afférent aux sommes que vous êtes susceptible de recueillir ; l'Etat n'ayant pas confiance à la sécurité de votre coffre-fort exige sous peine d'amende que vous versiez dans le sien les sommes que vous pouvez avoir en mains et appartenant à autrui, mais l'Etat ne peut exiger que je verse le montant de mes dettes dans sa caisse. Simple particulier je suis libre de disposer de mes fonds, j'ai la faculté d'y verser les sommes litigieuses que je puis avoir, tandis que vous y êtes forcé ; et en l'espèce, il n'y a pas litige puisque la somme est payée et en voici le reçu. Pourquoi voulez-vous donc que je verse à la Caisse de l'Etat une somme acceptée par l'ayant-droit et par ce, que je paie une seconde fois.

Il n'y a nullement de ma faute si votre arme a été fabriquée dans les temps jadis et que vous n'en compreniez ni la valeur ni la portée, ce n'est pas moi certes qui ai inventé les bateaux rapides, ni le télégraphe sous-marin ni le secret pour contrecarrer vos bénéfices.

Je constituai Me Pfender pour mon défenseur, lui laissant la faculté de prendre l'avoué de son choix, et lui remis mon dossier contenant la procédure, puis comme pièces de défense :

Le reçu de mon beau-frère héritier. Enregistré à Sétif ;

L'acte de notoriété établissant qu'il était seul héritier ;

Correspondance échangée dès le principe de l'affaire ;

Certificat du médecin constatant la maladie ;

Le tout légalisé par le maire de la localité.

Par prudence, je me fis envoyer également une procuration renfermant les pouvoirs les plus étendus pour régler cette affaire et elle fut aussi remise à M⁰ Pfender.

Cet appel trainant en longueur et redoutant toute surprise de mon puissant adversaire, même la disparition des pièces, j'engageai mon beau-frère à venir avec sa famille passer quelque temps chez moi.

L'appel de l'instance a lieu. M⁰ Pfender avait choisi pour avoué M⁰ Pianelli, lequel se présente à la barre et déclare au tribunal faire défaut parce qu'il n'a rien reçu.

Quoi rien reçu ? M⁰ Pfender vous a donné la procédure en mains, il a dû vous donner aussi le dossier. Dans le cas contraire, ce qui est peu probable, un homme de loi ne se chargeant d'une affaire que le dossier en mains, vous avez eu tout le temps de le demander. M'avez-vous demandé quelque chose que vous n'ayez pas reçu ? Rien, absolument rien. Je n'ai jamais entendu prononcer votre nom ni reçu encore de vos lettres.

N'entendant qu'une seule cloche le tribunal confirme purement et simplement le jugement de M. le Juge de Paix du Kerrata. Mais ce n'est pas tout ; il faut mettre les points sur tous les *i* pour que M. Vigo soit exécuté avec toute apparence de droit.

Ce jugement est signifié d'avoué à avoué et M⁰ Pianelli fait appel de ce jugement de défaut le neuvième jour, je crois, c'est-à-dire après le délai voulu par la loi. Il était irrecevable et le tribunal a confirmé son premier dire et le jugement devint irrévocable.

Par ce stratagème la question de droit a été escamotée, le tribuna n'ayant pu élucider la question que j'avais portée devant lui.

Pourquoi donc Messieurs Pfender et Pianelli avez-vous agi ainsi ? pourquoi avec les pièces en mains avez-vous déclaré n'avoir rien reçu ?

Pourquoi n'avez-vous pas mis à profit le laps de temps si considérable de l'appel pour me prévenir de ce dont vous pouviez avoir besoin?

Pourquoi n'avez-vous pas mis à profit le laps de temps écoulé entre votre défaut et votre appel de ce jugement en me prévenant de la situation ? Pourquoi enfin avez-vous fait votre acte hors des délais voulus ? Je vais vous le dire. Non je ne le dirai pas. M. Charpentier qui, dans sa naïveté, m'a appris le mobile de ses exactions m'apprendra bientôt celui de votre conduite.

Suivons les faits.

M. Charpentier, fort de ce jugement définitif qui lui donnait raison en apparence, m'envoya l'huissier qui me le signifia, ce fut ce jour là seulement que je le connus ; puis il posa les affiches pour procéder à la vente des objets saisis ; enfin le jour du recolement arriva et je répondis à l'huissier que je refusais de livrer les objets non pas pour mépriser la loi, que je respectais du fond du cœur, mais uniquement pour me soustraire aux vexations injustes et illégales de M. Charpentier ; que ma dette était liquidée depuis longtemps, etc. ; d'ailleurs le procès-verbal de l'huissier mentionne ma réponse entière.

Puis apparut mon beau-frère qui déclara n'avoir rien à prétendre ayant été désintéressé depuis longtemps et qu'il ne voyait pas l'utilité de cet acharnement contre moi (voir le procès-verbal de recolement).

J'avais écrit avant le jugement du tribunal de Bougie à M. le Procureur Général à Alger qui me fit répondre par M. le Juge de Paix du Kerrata ces simples mots verbalement : « M. Charpentier est dans ses attributions.»

Furieux de ce qui venait de m'arriver je me plaignis par lettre à M. le Procureur à Bougie, pas de réponse. Une autre lettre à Mᵉ Pfender, pas de réponse.

J'entrepris le voyage en cette ville et m'adressai à Mᵉ Jauffret avoué-avocat à qui j'expliquai mon affaire.

— Allez prendre votre dossier chez Mᵉ Pfender, me dit-il, et nous examinerons cela.

Mᵉ Pfender me remit mon dossier que je croyais anéanti en me disant : Voilà M. Vigo, faites-en des choux et des raves.

Après examen des pièces, Mᵉ Jauffret reconnut qu'il y a avait à faire en cette circonstance et m'engagea au préalable d'aller voir le ministère public, probablement pour en connaître l'avis.

Je me présente donc au Palais de Justice et demande à M. le Procureur de vouloir bien m'écouter quelques instants sur mon affaire Charpentier.

Se levant de son siège il me répondit seulement ces mots : si vous avez à vous plaindre de M. Charpentier actionnez-le, et je verrai si je dois intervenir dans le débat.

Paroles spécieuses, fort difficiles à exécuter, nous le verrons bientôt.

Sur le résultat de ma visite, M. Jauffret réfléchit un instant, puis après avoir compulsé plusieurs ouvrages me dit : je consens à poursuivre M. Charpentier, versez-moi cent francs de provision et nous irons au préalable déposer notre procuration au greffe du tribunal pour enrayer l'affaire.

C'était le 30 octobre 1890.

Les cent francs lui furent versés ; je lui remis également ce jour là une petite affaire contre un charretier arabe Boussaïra pour laquelle il reçut cinquante francs d'avance. Il me donna récépissé de mes deux versements.

Quelques mois plus tard je fus appelé par M. le Juge de Paix du Kerrata pour avoir à répondre comme inculpé de détournement d'objets saisis. J'en fis part à Me Jauffret qui envoya alors acte de mon dépôt de procuration à M. Charpentier et à moi une expédition pour lui réclamer reddition de comptes.

Je me rendis donc le jour indiqué chez M. le Juge d'instruction à qui je fis à peu près la même réponse qu'à l'huissier en recolement et priai le commis-greffier de vouloir bien appeler M. Charpentier pour que je pusse lui faire ma demande.

A son arrivée dans le cabinet je lui remis mon expédition et le priai de vouloir bien me remettre ses comptes.

« Dans cette affaire, me dit-il, en présence du Juge de paix et de son commis-greffier, Me Lanon a agi de délicatesse. Etant mon avoué il n'a pas voulu tenir pour tous les deux et a prié un de ses collègues de vous remplacer en référé à Bougie, tandis que M. Pfender n'a pas agi de même, il s'est chargé de votre affaire contre moi et cependant nous sommes amis et chaque fois que je vais à Bougie je descends chez lui. »

Ces mots attirèrent l'attention du Juge de Paix qui s'arrêta de plier ses paperasses pour nous regarder l'un l'autre comme un juge d'instruction qui entend une phrase maladroite sortir de la bouche d'un prévenu.

— Mais vous vous plaignez M. Charpentier, lui répondis-je, que M. Pfender ait agi contre vous ; mais pas du tout, il a agi en ami pour vous puisque muni de toutes preuves et notes il a fait prendre jugement de défaut comme dépourvu de tout. Il a donc manqué à son devoir professionnel pour votre amitié.

Voilà donc le mobile de la conduite de Mes Pfender et Pianelli ; M. Charpentier nous l'apprend de sa bouche.

Il ne faut pas en chercher d'autres car ce sont des gens instruits et connaissant par conséquent leur devoir, et s'ils se sont manqué, ils l'ont fait pour sauver, par un biais, la situation critique de M. Charpentier. Mais ils se sont manqué et sont, par conséquent, responsables des suites que leur non intervention devant le tribunal a occasionnées.

Tout mandataire est responsable de son mandat, à plus forte raison les mandataires que l'Etat m'impose et qui sont agréés pour ces fonctions de tuteurs légaux.

Sans leur abstention dans l'instance, l'affaire aurait été enrayée et le scandale aurait cessé au lieu d'augmenter.

Ils sont donc coupables ; par amitié c'est vrai, mais qu'ils réparent le dommage par amitié aussi : ce sera juste.

Il y a donc près de deux ans que mes deux affaires ont été remises à Me Jauffret. Qu'a-t-il fait pour les liquider ? Il m'a demandé encore cent francs pour l'affaire arabe. Résultat point. Quant à l'affaire Charpentier, elle n'est pas même lancée ; après avoir répondu à mes lettres par des prétextes plus ou moins plausibles, j'ai pu le 18 mars dernier lui envoyer les comptes de gestion de M. Charpentier qu'il attendait pour agir.

Ce compte de gestion était fort simple.

Encaissements : **ZÉRO.**

Frais : 680 francs environ.

Dépenser une pareille somme sans profit et par pur caprice pour plier injustement une personne à sa toute puissance, c'est raide.

J'ai écrit de nouveau à M⁰ Jauffret :

Le 31 mars, pas de réponse.

Le 30 avril, pas de réponse à une lettre recommandée lui demandant de vouloir bien me faire connaître le motif de son silence.

Que s'était-il donc passé ? devine qui voudra.

Il faut cependant que les affaires litigieuses se liquident et nos délais de procédure sont déjà assez longs sans retarder encore leur solution par des années entières d'attente.

Mardi 17 mai j'ai dû comparaître devant M. le Juge du Kerrata pour être entendu contradictoirement avec M. Charpentier qui m'a réclamé :

1° Une somme de 78 francs 85 pour diverses grosses de jugements contre arabes en 1887, 1888 et 1889, et a prétendu qu'à ces époques je ne lui avais pas payé ces actes de greffe bien que ces actes fussent soldés et m'a demandé la production de mes reçus pour preuve.

— Je suis fort surpris, M. le Juge, que M. Charpentier me réclame aujourd'hui le montant d'actes datant de 3, 4 et 5 ans. Il faut qu'il ait bien peu d'ordre dans ses affaires pour me réclamer cette somme si tardivement. Ces actes, je les ai payés en leur temps. Il est très difficile de produire des reçus par la simple raison que M. Charpentior n'en délivre jamais ; les pièces en mains sont la contre valeur de la monnaie donnée. Tel est son principe et à l'appui de mon dire, veuillez demander à M. Charpentier la production du carnet à souches des reçus qu'il délivre ; il n'en a pas.

Permis de citer.

Je ne sais si M. Charpentier voudra poursuivre sa demande insensée.

2° Je réclame à M. Vigo la somme de 680 francs pour frais de succession de Madame Vigo.

— A cette réclamation j'ai répondu que depuis dix-huit mois j'avais chargé M⁰ Jauffret à Bougie de poursuivre cette affaire et qu'il n'en avait rien fait. Vu son silence j'allais envoyer d'office une citation à M. Charpentier pour abus de pouvoir et à MM. Pfender et Pianelli pour avoir manqué à leur devoir professionnel leur réclamant 5.000 francs solidairement de dommages-intérêts, plus la note des frais exposés à leur charge.

Aujourd'hui M. Charpentier change de tactique et me fait commandement à 30 jours d'avoir à lui verser les mille francs payés plus les frais à ce jour.

Puisque mes introducteurs légaux se refusent de me mener devant M. le Président du tribunal de Bougie, je forcerai la consigne et j'irai moi-même et lui dirai :

« Nous avons des aigles dans la société, mais fort heureusement l'espèce est limitée. Par contre nous avons beaucoup de poules mouillées qui crient souvent : à l'injustice ! sans oser attaquer plus fort qu'elles. »

Comme devant vous, qui avez la loi en mains il n'y a ni fort ni faible, je fais exception à la foule et me présente avec confiance devant votre tribunal, pour vous demander justice des griefs exposés ci-dessus.

J'accuse M. Charpentier, greffier-curateur demeurant à Kerrata :

D'avoir procédé illicitement à mon encontre pour faire entrer en ses mains une succession qu'il savait être liquidée, ce sans profit pour la succession, partant dans un but tout-à-fait de lucre.

De m'avoir par ce fait occasionné beaucoup de frais de voyages (1), une perte de temps considérable, enlevé à ma profession de cultivateur, qui est ma seule ressource, des débours pour me garantir de ses agissements.

De plus il m'a saisi mes facultés mobilières sans utilité et m'a privé de mes ressources.

De plus, pour lutter contre ma résistance, il a continué à abuser des moyens coercittifs, que lui confère la loi, en affichant à ma porte et dans les endroits publics, qu'il allait vendre mes dépouilles comme mauvais payeur. Ce qui m'a enlevé la confiance de mes concitoyens et leur crédit.

Il m'a forcé à ne pas respecter la loi dont il abusait en ne pas livrant les objets saisis confiés à ma garde.

---

(1) Les Amouchas sont au 83ᵉ kilomètre de la route de Bougie à Sétif.
Le Kerrata est au 60ᵉ kilomètre sur la même route.

En ce qui concerne MM. Pfender et Pianelli, je les accuse d'avoir par amitié pour M. Charpentier manqué à leur devoir professionnel, en ne me défendant pas contre lui devant vous, et en employant un biais pour favoriser ses menées en empêchant la vérité de se faire jour.

Je demande donc qu'il plaise au tribunal de laisser à la charge des défendeurs les frais qu'ils ont exposés inutilement et sans profit en voulant faire rentrer une dette éteinte.

De les condamner solidairement selon leur culpabilité à cinq mille francs de dommages-intérêts pour le préjudice qu'ils m'ont causé injustement.

La levée de l'hypothèque légale prise tardivement par M. Charpentier. Ce sera justice.

Après la saisie pratiquée à mon encontre par l'huissier Roux le onze août dernier, je me suis rendu à Bougie auprès de M. le Président du tribunal qui était absent à cause des vacances. J'ai pu être présenté à M. Maillet, juge, remplissant les fonctions de président en l'absence de ce magistrat. Après lui avoir exposé succinctement mon affaire, il me déclara ne pouvoir rien faire en ce moment tout le tribunal étant en vacances et de retourner vers la fin septembre, qu'il nommerait quelqu'un d'office pour agir selon mes désirs. Cette réponse étant fort juste, je me retirai.

Le vendredi suivant l'affiche était à ma porte pour la vente des objets saisis le dimanche suivant.

Le samedi M. Charpentier recevait par voie d'huissier et de la part de l'héritier et de toute sa famille une opposition formelle et motivée à toute exécution.

Le dimanche suivant, l'huissier vint en recolement suivi de deux témoins.

— Avant de vous faire une réponse, lui dis-je, je dois vous demander ce que vous exigez de moi.

— D'abord les mille francs de capital puis les frais portés sur le commandement à 360 francs.

— Dans ce cas je m'oppose et résiste à toute livraison des objets saisis et veuillez me permettre de vous rédiger ma réponse par écrit pour qu'il n'y ait aucune fausse interprétation.

Après cette déclaration et malgré la protestation de la famille héritière l'huissier a voulu quand même procéder au recolement. La plupart des objets avaient disparu. Lui ayant ouvert la remise il vit le breack et voulut l'enlever.

— Je m'y oppose, lui dis-je.

— Cela ne peut se passer ainsi, dit-il ; pour que votre résistance soit formelle il faut que par un geste, une action, vous empêchiez de l'enlever. Garde-champêtre, enlevez cette voiture.

M'avançant alors vers M. le garde-champêtre qui avait pris le bras de la voiture pour obéir aux ordres de l'huissier et le touchant légèrement avec la main ouverte, je lui dis : Je m'y oppose.

Lisez le procès-verbal et vous trouverez : « lui saisit le bras, etc., etc. »

Restait la chambre de Madame Gameau à voir. Celle-ci ne voulut point l'ouvrir.

— Puisque c'est ainsi, dit l'huissier, il faudra que je revienne avec serrurier, fonctionnaire et force armée.

— Dans ce cas, Monsieur, vous prendrez mais je ne vous livrerai rien.

Ma réponse fut tronquée par l'huissier, et je ne signai pas son procès-verbal.

— Je ne puis écrire des faits contre moi, me dit-il, vous avouerez que ce serait trop fort.

— Vous devez agir aussi rigoureusement que vous voudrez, mais vous ne devez pas sortir de la vérité et si vous commettez une erreur il vaut mieux la réparer tout de suite que de la laisser subsister. Puisque vous ne voulez pas copier textuellement ma réponse et que je n'ai pas le droit de la transcrire sur votre procès-verbal, je la publierai de mon côté in extenso.

Voici ma réponse textuelle :

Après la saisie exécutoire passée outre par l'huissier à mon opposition, il m'a accordé un référé pour le lendemain matin 9 heures. Là le Juge de Paix a demandé à examiner la question et renvoya son jugement au soir

5 heures me disant que je pouvais me retirer, l'huissier me ferait connaître le résultat.

Le lendemain je suis descendu au Kerrata chez l'huissier où je n'ai pu me procurer la lecture de cette pièce.

Trois jours après même visite, même résultat, et M. Roux me promit de me la montrer en revenant vendredi dernier apposer les affiches. Ce jour là, encore rien.

Enfin aujourd'hui, jour du recolement, M. Roux n'est point pourvu de cette pièce et j'en ignore par conséquent la teneur.

Avant de vous répondre pour ce qui me concerne dans mon conflit avec M. Charpentier, il est de ma conscience de sauvegarder les intérêts d'autrui qui ne peuvent être engagés dans une résistance qui m'est personnelle.

Vous avez saisi parmi les animaux, une mule et un mulet bien que je vous aie déclaré que ces bêtes ne m'appartenaient pas, qu'elles étaient la propriété d'un arabe ayant labouré chez moi. Vous avez même questionné le garde champêtre à ce sujet et il vous a répondu ne m'avoir jamais vu de bêtes en mains. Vous devez savoir que lorsqu'un indigène laboure de commun avec un européen, les bêtes se trouvent aussi en commun pour la récolte, soit pour ramasser le grain, soit pour le fouler et le transporter ; il n'y avait donc rien d'étonnant que ces deux bêtes fussent mélangées avec les miennes. D'ailleurs, vous n'avez qu'à demander à l'indigène non un reçu, ce qu'ils ne pratiquent pas au marché où ils trafiquent, donnant, donnant, mais sa feuille d'impositions et vous auriez vu qu'il avait une charrue et par conséquent deux bêtes. Ce qui vous eut été facile de vérifier à Kerrata chez le Receveur municipal. Vous avez saisi également sa paille encore sur l'aire et non encore partagée, la récolte n'étant pas terminée.

Ensuite Mademoiselle Claire Gameau, fille de l'héritier, habitant avec sa famille chez moi, vous a déclaré que la machine à coudre était sa propriété, qu'elle l'avait apportée de France et cependant vous l'avez saisie.

Elle vous a déclaré également que le petit cheval de selle était sa propriété personnelle, que cette bête n'avait jamais été attelée ni fait aucun

travail et vous avez passé outre, cependant tout le village en a connaissance, c'était sa monture unique.

Ceci dit passons à ce qui me concerne.

Je n'ai rien à retrancher à mon opposition première d'exécution ; et j'a-
jouterais celle-ci :

Que muni de l'expédition de ma procuration de l'héritier, je pourrais
vous payer les mille francs de capital que vous me réclamez en un reçu
fait par moi-même et signé de la même main par procuration, mais je
m'en abstiens, parce que la quittance de la somme a été donnée en temps
jadis par l'ayant-droit et produite à M. Charpentier.

Mais que veut-il donc ?

J'ai produit ma quittance. Aux termes de nos lois le paiement est l'ex-
tinction d'une obligation.

J'ai fait mon paiement dans le lieu où est née l'obligation conformé-
ment à la loi.

Aujourd'hui il est nanti de l'expédition de ma procuration et il exige
encore malgré reçu, malgré procuration, le paiement du capital, mais c'est
une exaction inouïe.

Les fonctionnaires et magistrats n'ont été institués que pour veiller à
l'accomplissement du droit commun. Chacun a ses fonctions et ses obligations et toute immiscion dans les transactions cesse lorsque le droit
commun est observé.

Aussi M. Charpentier a à sauvegarder les intérêts laissés par les morts,
tandis que l'huissier prend celui des vivants.

Si moi débiteur d'une personne défunte je désintéresse immédiatement
mon créancier, que deviennent les fonctions de M. Charpentier ?

Pas plus que si j'agissais de même envers un créancier qui aurait pourvu
l'huissier d'un jugement contre moi.

Où M. Charpentier s'est manqué, c'est le jour de la production de ma
quittance pleine et entière de ce legs de succession, mais son esprit de
cupidité et de vengeance l'a aveuglé et au lieu de surseoir à toute poursuite et demander les pièces nécessaires pour vérifier la véracité du paie-

ment et par suite se démettre de cette affaire, il a préféré nier la validité du reçu et exiger le versement entre ses mains, etc., etc. De là conflit.

Le 30 octobre 1890, j'ai chargé Mᵉ Jauffret avoué à Bougie de poursuivre M. Charpentier en dommages-intérêts. N'ayant rien voulu faire depuis près de deux ans, je le rends responsable des tracasseries subséquentes de M. Charpentier, et puisque tous les fonctionnaires me refusent leur appui pour favoriser les menées de M. Charpentier je livre à la publicité l'historique de mon affaire et j'ai tout lieu d'espérer que je trouverai enfin des juges.

Ainsi donc pour ma conscience la loi est satisfaite ; je devais mille francs à la mort de mon épouse, je les ai payés dans le lieu où était né le contrat.

De plus j'ai la famille héritière avec moi depuis plus de deux ans, l'héritier est intervenu dans la première saisie pour déclarer qu'il avait été réglé dès le principe et qu'il ne voyait pas l'utilité de ces tracasseries.

Un seul instant M. Charpentier a eu un peu de lucidité, c'est le jour qu'il m'a fait appeler devant le juge de paix pour me réclamer 680 francs de frais de succession, faisant par cette procédure nouvelle abandon de sa réclamation du capital mais il a tout de suite rebroussé chemin en m'entendant réclamer reconventionnellement 5,000 francs de dommages-intérêts pour abus de pouvoir.

Aujourd'hui il me fait commandement pour 1,000 francs de capital.

Plus 360 francs de frais au lieu de 680 francs note remise ; d'où vient cette différence ?

Je réponds en conclusion que les mille francs réclamés par M. Charpentier sont payés depuis fort longtemps et n'ai pas à les payer deux fois à moins qu'il ne me fasse la preuve de la non-valeur du premier paiement.

Quant aux frais, qu'il les fasse liquider par nos tribunaux d'une manière sérieuse et non pas en réclamant tantôt une somme forte, tantôt une somme réduite de cinquante pour cent.

C'est un biais comme un autre, mais facile à deviner.

Aussi pour le moment j'ai disposé de ce qui m'appartient et ne puis vous livrer les objets saisis car c'est ma propriété, ne devant rien. Les frais exposés par M. Charpentier ayant été dépensés contre le droit commun, c'est aux tribunaux à prononcer contre son abus de pouvoir dans un but purement d'intérêt personnel, ne refusant pas de mon côté à payer les frais qui peuvent m'incomber relativement à la succession.

Ma réponse fut tronquée par l'huissier et je ne signai pas le procès-verbal.

— Je ne puis écrire des faits contre moi, me dit-il, vous avouerez que ce serait trop fort.

— Vous devez agir aussi rigoureusement que vous voudrez, mais vous ne devez pas sortir de la vérité et si vous commettez une erreur il vaut mieux la réparer tout de suite que de la laisser subsister. Puisque vous ne voulez pas copier textuellement ma réponse et que je n'ai pas le droit de la transcrire sur votre procès-verbal je la publierai de mon côté in extenso.

Vendredi nouvelles affiches et dimanche matin je vois apparaître M. le brigadier de gendarmerie suivi d'un gendarme indigène. Quelques heures après, l'huissier, M. Bruyère, remplissant les fonctions de maire, M. Teyssedou avec son trousseau de clefs et deux témoins. Dire que le télégraphe a marché jour et nuit pour préparer cette exécution comme une exécution capitale !

Devant la violence mon attitude a été impassible ; c'est du reste ce que j'avais de mieux à faire ne pouvant rendre responsables les acteurs victimes de leur devoir.

Ne pouvant en crocheter la serrure, la porte de Madame Gameau fut enfoncée, les meubles saisis et emportés, sans tiroir ni dessus, la voiture ne tenant pas debout est chargée par pièces sur un fourgon.

Reste à savoir où sont les bêtes. Belmoufock, chaouch de la justice de paix, mon voisin, vous le dira, il a promis une prime de vingt-cinq francs à ses khammès pour parcourir ma propriété en tous sens et les découvrir. En effet, l'heure du déjeûner est arrivée, la troupe se rend chez mon voisin arabe lequel leur annonce que les bêtes sont dans tel ravin et leur donne un de ses khammès pour les y accompagner et s'en emparer.

Mes plumes ont donc été emmenées au marché et vendues à vil prix.

Pourquoi avez-vous pratiqué cette saisie contre la loi et exécutée malgré réclamations et résistances.

Est-ce que dans votre chapelle, M. Charpentier, votre code serait encore divergent sur ce point. Pour moi, je lis dans le mien :

PROCÉDURE CIVILE. — ART. 592. — Ne pourront être saisis les objets que la loi déclare immeubles par destination.

CODE CIVIL. — ART. 524. — Les objets que le propriétaire d'un fonds y a placés pour le service et l'exploitation de ce fonds sont immeubles par destination.

Les animaux attachés à la culture, les ustensiles aratoires, lapins, pigeons, ruches, pressoirs, chaudières, alambics, cuves et tonnes, les ustensiles nécessaires à l'exploitation des forges, les pailles ou engrais, etc.

Vous voyez donc que la loi distingue le matériel s'usant au profit de l'exploitation comme biens immeubles. Vous voyez donc que la loi vous défendait de les saisir. Vous n'avez aucun droit de saisir tout le matériel d'exploitation quel qu'il soit ; ainsi, échelle, tonneau, banc de menuisier, animaux de service surtout à l'époque de la moisson, paille, fourrage, machine à coudre, tarare, etc., sont tous objets que la loi vous défendait de saisir et vous l'avez fait. Ainsi de par la loi vous avez abusé encore une fois de pouvoir.

Dans cette journée mémorable, tout du reste s'est passé tranquillement. Seulement qu'il me soit permis d'adresser à M. l'huissier les questions suivantes :

Pourquoi n'avez-vous pas lu votre procès-verbal pour en faire connaître le contenu ?

Pourquoi avez-vous fait signer les témoins sans leur en faire lecture ?

Ordinairement on lit la sentence même à un condamné à mort.

Pourquoi sous le pont de la grand'route avez-vous fait signer à vos deux témoins deux feuilles de papier timbré en blanc ?

Je pensais que nous étions à la fin des exploits de M. Charpentier, mais l'huissier m'apprit bientôt que je devais m'attendre à de nouvelles surprises.

Il venait m'annoncer la saisie brandon.

Qu'est-ce que la saisie brandon ? la saisie des fruits encore sur pieds.

Il venait donc me saisir mon raisin.

— Mais, lui objecta Madame Gameau, dans votre saisie vous voudrez bien respecter ma part, car nous sommes venus habiter avec M. Vigo en famille, c'est vrai, mais nous travaillons en commun dans la ferme. Or, nous ne sommes pas à gages mais à moitié produits ; il faut donc que vous respectiez notre droit mieux que ce que vous l'avez fait dans votre saisie précédente ; d'autant plus que vous agissez en votre nom, malgré nous, que pour nous faire rentrer une somme que nous ne saurions réclamer et que vous ne pourrez vous servir de ce qui nous appartient personnellement pour atteindre votre but inqualifiable.

— Il faut revendiquer, dit l'huissier, et pour cela il faut faire tel acte, tel acte, etc., etc.

— Qu'à cela ne tienne, faites le nécessaire.

— Il me faut une provision de vingt-cinq francs.

— Les voilà.

Et la saisie fut pratiquée en plein, le garde-champêtre nommé gardien et moi de ce fait je fus déchargé de tout.

Deux jours après, une lettre de l'huissier annonçait à Madame Gameau de telles difficultés pour faire prévaloir ses droits qu'il l'engageait à y renoncer. Elle alla dans ce sens et commença à retirer sa part de récolte. Malheureusement je tombai malade à garder le lit et je ne pus la seconder dans son sauvetage. Ce qui permit aux maraudeurs de nuit d'abuser de la situation. Aussi lorsque l'huissier vint le dimanche suivant pour vendre le raisin, l'enlèvement était à peu près fait et il n'eut pas la peine d'appeler les acheteurs.

Voilà encore une récolte abimée !

A quelle nouvelle méchanceté M. Charpentier se livrera-t-il encore ? Je l'ignore mais enfin nous touchons le mois d'octobre, les tribunaux reprennent leur séance et il est temps de l'arrêter.

Il n'en est pas moins vrai que M. Charpentier a mis à profit les vacances des tribunaux pour satisfaire sa vengeance.

Oui, elle est satisfaite, monsieur, votre vengeance mais restent les responsabilités et elles sont lourdes.

Vous avez commencé par faire deux fausses manœuvres en venant apposer les scellés et procéder à un inventaire lorsqu'il n'y avait lieu à aucune de ces formalités. Mes réponses ont blessé votre omnipotence, habitué que vous êtes à ce que tout plie devant vous. Alors vous venez demander la grosse de mon contrat de mariage, non pour prendre hypothèque de garantie, vous n'en aviez pas besoin, vous pouviez la prendre d'office mais pour avoir en mains une pièce pour me poursuivre. Lorsque vous m'avez envoyé l'huissier je lui ai présenté la quitttance du legs dû.

Vous m'avez appelé dans votre chapelle où vous chantez et portez la croix. J'y étais condamné d'avance.

Usant de mon droit j'ai fait appel du jugement devant le tribunal de Bougie. Là vous y avez trouvé des amis faciles qui, au lieu de soutenir mon droit, m'ont laissé dans l'ignorance des faits et vous ont donné gain de cause en apparence par leur abstention préméditée. Alors muni d'un jugement par défaut vous m'avez poursuivi sans aucun bénéfice pour la cause dont vous étiez mandataire légal, vous m'avez fait saisir une première fois sans réussir, puis une seconde fois où vous avez exercé votre vengeance à l'aide de la force armée, tous moyens qu'un fonctionnaire n'emploie que pour assurer le droit commun et non contre un citoyen qui l'a assuré lui-même.

Malgré reçu, procuration, protestation de la famille héritière, opposition formelle par exploit d'huissier, rien ne vous a arrêté dans votre colère, vous avez enlevé la joie de la maison pour y répandre les larmes, vous avez tracassé une famille tranquille et laborieuse pendant plus de trois ans ; vous lui avez enlevé son pain en lui faisant perdre son temps et dépenser son argent sans fruit ; vous êtes la cause indirecte de la mort de mon fils aîné en empoisonnant le lait de sa mère par vos vexations inouies. Peut-être serez-vous encore coupable d'homicide par imprudence d'un second enfant par ce que vous venez de faire.

Vous avez ruiné ma santé et celle de ma famille.

Au nom de la loi que vous devriez respecter plus que tout autre, vous avez crocheté les portes, vous vous êtes emparé d'objets appartenant aux héritiers, sous prétexte d'agir en leur faveur. Vous avez vendu à vil prix et contrairement à la loi mes moyens d'action dans un moment où le cultivateur rentre le produit de ses peines de toute l'année et ma moisson est encore en partie sur pied.

Ma vendange à faire et mes matériaux pour l'enlèvement sont encore à Bougie sans avoir mes moyens de transport que vous m'avez vendus.

Au nom de la loi votre conduite n'est pas celle d'un aigle car lorsqu'il s'abat sur une basse-cour et qu'il manque sa proie il reprend majestueusement son vol dans les hautes sphères sans jeter un regard en arrière et va se pourvoir ailleurs ; au nom de la loi, c'est-à-dire du droit commun que vous avez méconnu, vous n'êtes qu'un corbeau doublé de la hyène, une monstruosité qu'il faut abattre.

Quant à mes représentants légaux, je les cite devant les tribunaux qui jugeront la conduite et la responsabilité de chacun.

Au lieu de crier à l'injustice ! à l'infamie ! je m'adresse avec confiance à mes juges pour leur demander que justice soit rendue, car un fonctionnaire ne saurait me poursuivre depuis plus de trois ans et employer à mon égard impunément tous les moyens coercitifs que la loi lui confère par l'unique motif que je m'étais empressé de payer mes dettes.

En raison de ces nouvelles vexations et pertes matérielles je porte mon chiffre à vingt mille francs de dommages-intérêts à réclamer à mes adversaires.

Les Amouchas, le 9 Octobre 1892.

VIGO.

SÉTIF

Imprimerie Emile TOURNIER, rue Saint-Augustin